¡UN DÍA UNA SIRENA SE TRAGÓ UN TIBURÓN!

En memoria de Donald R. Smith, quien amaba mirar las olas
—L.C.

A Jim y Darlene Barrett
—J.L.

Originally published in English as *There Was an Old Mermaid Who Swallowed a Shark*

Translated by Indira Pupo

Text copyright © 2018 by Lucille Colandro
Illustrations copyright © 2018 by Jared D. Lee Studios
Translation copyright © 2019 by Scholastic Inc.

ISBN 978-1-338-32864-6

10 9 8 7 6 5 4 3 2 1   19 20 21 22 23

Printed in the U. S. A.   40
First Spanish printing 2019

¡UN DÍA UNA SIRENA SE TRAGÓ UN TIBURÓN!

Lucille Colandro

ilustrado por Jared Lee

Scholastic Inc.

Un día una sirena
se tragó un tiburón.

No sé por qué se tragó el tiburón,
pero no le dio indigestión.

Un día una sirena
se tragó un calamar.

¡No fue al azar
que se tragó el calamar!

Se tragó el calamar para que flotara
con el tiburón.

No sé por qué se tragó el tiburón,
pero no le dio indigestión.

Un día una sirena se tragó un pez.
Un pez tropical se tragó de una vez.

Se tragó el pez para que bailara con el calamar.

Se tragó el calamar para que flotara con el tiburón.

No sé por qué se tragó el tiburón,

pero no le dio indigestión.

Un día una sirena se tragó una anguila.

Soltó un grito que horripila
cuando se tragó la anguila.

Se tragó la anguila para iluminar al pez.
Se tragó el pez para que bailara con el calamar.

Se tragó el calamar para que flotara con el tiburón.

No sé por qué se tragó el tiburón,

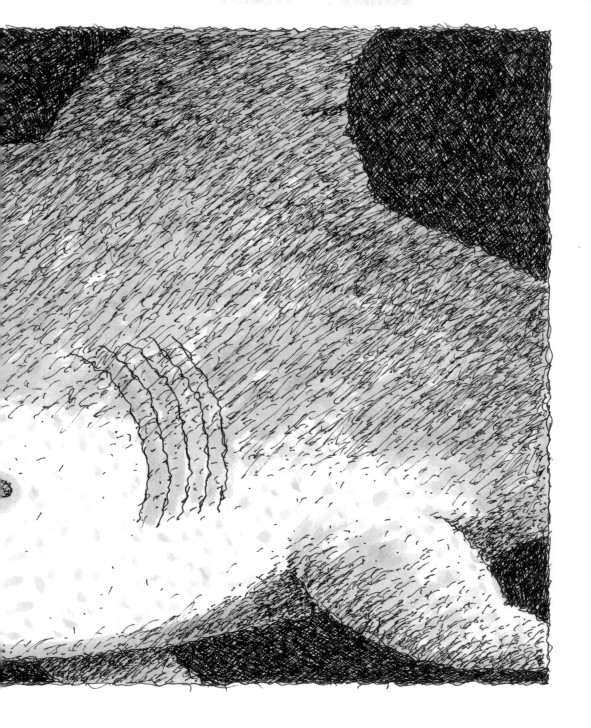

pero no le dio indigestión.

Un día una sirena se tragó un cangrejo.
Era un poco viejo, pero se tragó el cangrejo.

Se tragó el cangrejo para hacerle cosquillas a la anguila
Se tragó la anguila para iluminar al pez.

Se tragó el pez para que bailara con el calamar.

Se tragó el calamar para que flotara con el tiburón.

No sé por qué se tragó el tiburón,
pero no le dio indigestión.

Un día una sirena
se tragó una estrella de mar.

No tuvo que viajar para la estrella encontrar.

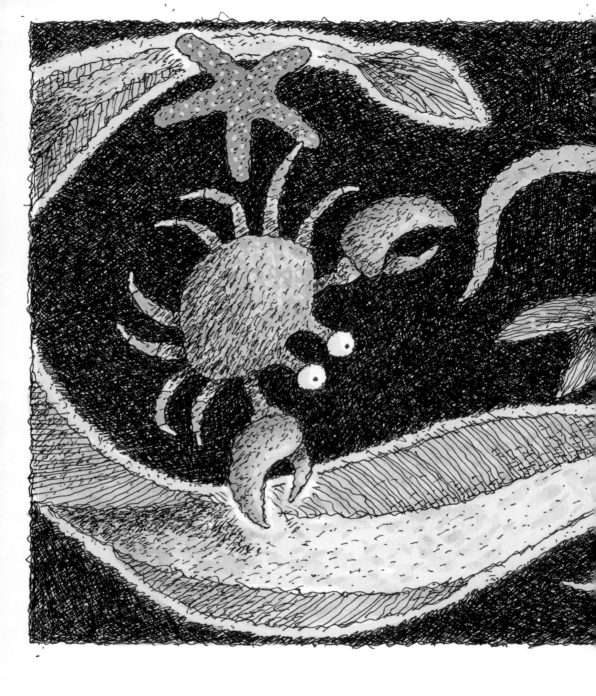

Se tragó la estrella de mar para que jugara
con el cangrejo.

e tragó el cangrejo para hacerle cosquillas a la anguila.
Se tragó la anguila para iluminar al pez.
Se tragó el pez para que bailara con el calamar.

Se tragó el calamar para que flotara con el tiburón.

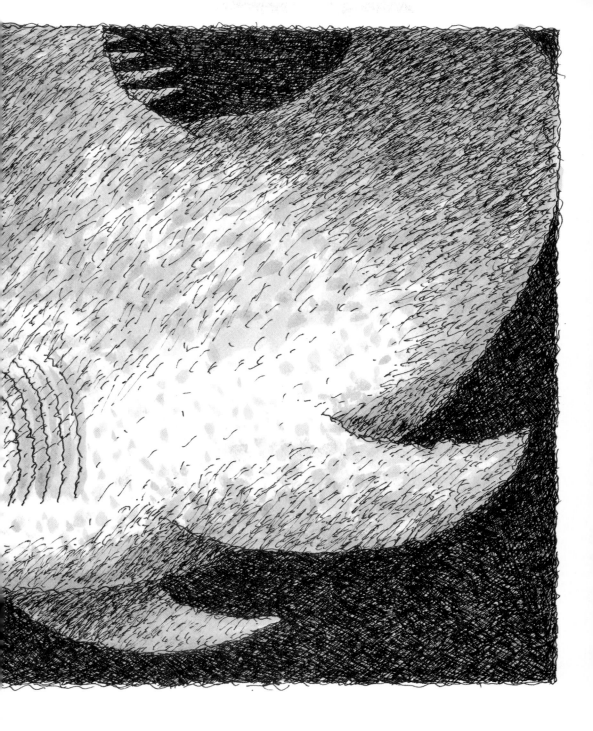

No sé por qué se tragó el tiburón,
pero no le dio indigestión.

Un día una sirena se tragó una almeja.
¡Qué festín se dio con la almeja perpleja!

Había una sirena que adoraba pasar
el día jugando a imaginar…

que tenía muchos amigos debajo del mar.

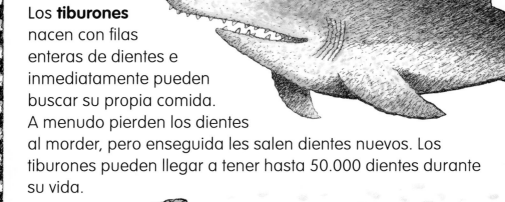

Los **tiburones**
nacen con filas
enteras de dientes e
inmediatamente pueden
buscar su propia comida.
A menudo pierden los dientes
al morder, pero enseguida les salen dientes nuevos. Los
tiburones pueden llegar a tener hasta 50.000 dientes durante
su vida.

Los **calamares** pueden nadar a una
velocidad de veinticinco millas por hora.
Usan propulsión a chorro, pues al nadar sus
cuerpos sueltan un chorro de agua que los
impulsa. Muchos calamares viven en las zonas
más profundas del océano. El calamar colosal tiene
ojos gigantes que producen una luz con la cual pueden ver en
las profundidades del océano.

Los **peces tropicales** viven en las aguas cálidas
de los trópicos. Muchas especies de peces
tropicales tienen colores brillantes. Por esa razón,
son tan populares en los acuarios.
La tercera parte de las especies de
peces tropicales vive en arrecifes de
coral. Estos peces mantienen limpios los
arrecifes comiéndose las plantas
que crecen en ellos.

Las **anguilas** no tienen escamas. Están cubiertas por una sustancia viscosa que les permite deslizarse con facilidad. Existen unas 800 especies de anguilas. Algunas especies pueden vivir por más de cien años.

Existen más de 10.000 especies de **cangrejos**. Los cangrejos pertenecen a la familia de los crustáceos, y tienen diez patas, pero dos de ellas son pinzas. Se comunican entre ellos usando las pinzas. A menudo, los cangrejos crecen demasiado para el tamaño de su caparazón. Cuando esto sucede, mudan sus caparazones o buscan un caparazón más grande donde vivir.

Las **estrellas de mar** no tienen cerebro ni sangre. Estas criaturas pueden moverse con rapidez gracias a cientos de pies tubulares que tienen bajo los brazos. Generalmente, las estrellas de mar tienen cinco brazos que les permiten sobrevolar las pozas de marea, ¡pero algunas especies pueden tener hasta cuarenta brazos! Si uno de los brazos se daña, otro nuevo sale en su lugar.

Las **almejas** no tienen ojos, ni oídos, ni nariz, por lo que no pueden ver, oír ni oler. Para protegerse, las almejas cavan túneles profundos en la arena, creando un lecho. Existen más de 15.000 especies diferentes de almejas. Algunas son pequeñas, mientras que otras pueden pesar más de 500 libras. Algunas especies pueden vivir hasta cuarenta años.

¡Busca y encuentra!

El océano está lleno de criaturas sorprendentes. Vuelve a leer el libro y trata de encontrar las criaturas mencionadas a continuación antes de que la sirena se las trague. Cuando las encuentres, verifica tus respuestas con la clave ubicada en la parte inferior de la página.

¡Feliz búsqueda!

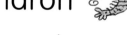 Percebe

Langosta

Pulpo

Camarón

 Caracol

Ballena

 Delfín

León marino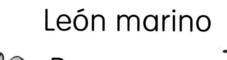

Pez payaso

Caballito de mar

Pez ángel

Tortuga marina

Raya

Galleta de mar

Anémona de mar

Ostra

Pez globo

Medusa

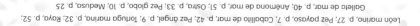